Bernd-Uwe Janssen

# Berufe rund ums Meer

# FISCHER

# Fischerei –
# früher und heute

In den flachen Küstengewässern, an Flüssen und Seeufern fangen die Menschen schon seit Urzeiten Fische und Krebse mit Reusen (→ Hintergrundbild), Fangkörben (→ Seite 5), Stellnetzen (→ Seite 25) und Fischzäunen. Diese Fanganlagen werden im Wasser aufgestellt. Die Fische schwimmen so direkt in die Netze hinein.

Der Fischzaun leitet die Fische zum Fangnetz an der engsten Stelle.

## Fischerei zu Fuß

In früheren Zeiten konnten sich die meisten Fischer kein Boot leisten. Daher ging es beispielsweise an der Nordsee bei Niedrigwasser mit dem Wattschlitten ins Watt hinaus: ein Knie auf dem Schlitten, am Bügel festhalten und mit dem anderen Bein abstoßen. Der Wattschlitten wurde als Transportkiste für Netze und Fische genutzt.

Der Schlitten rutscht nur über weichen Schlick.

Aus Weidenzweigen stellten die Fischer Körbe zum Fangen von Krabben her, sie wurden Granatkörbe genannt. Diese legten die Fischer dicht nebeneinander auf Holzgestelle an beiden Rändern eines Priels, das ist ein Wasserlauf im Watt. Mit der Flut schwammen die Krabben zunächst an den Körben vorbei. Bei Ebbe trieben sie dann in die Öffnungen hinein. Sobald das Wasser abgelaufen war, kamen die Fischer und holten die Krabben.

Der Fischer schüttet die Krabben aus den Granatkörben in den Wattschlitten. In seiner rechten Hand hält er den Verschlussdeckel.

Die Fischerin holt mit dem kleinen Kescher die Krabben aus dem großen Stielnetz; auf ihrem Rücken der Transportkorb.

Im flachen Wasser des Wattenmeers kam das Stielnetz zum Einsatz: Das Querbrett des Netzes vor sich her über den Meeresboden schieben, immer gegen die Strömung. Krabben und Plattfische werden aufgescheucht und landen im Netz. Mit einem kleinen Kescher wird die Beute in den Korb auf dem Rücken befördert.

## Das Stielnetz hat viele Namen

Ostfriesland:
Schuuvhamen, Gliep

Dithmarschen:
Jall, Krautjall

Nordfriesland:
Gliep, Glüp, Puk

# Fischen mit Händen und Füßen

Neptun mit dem Fischstecher!

Peter Aal in Maasholm an der Schlei. Er zieht einen Aal aus der Aalpricke.

Die Flunder ist ein Plattfisch. An der Nordseeküste wird sie Butt genannt. Butt pedden geht so: Barfuß im flachen Wasser herumlaufen, und wenn etwas unter dem Fuß zappelt, den Fuß nicht wegziehen. Fest drauftreten und dann mit der Hand den Plattfisch schnappen. Beim Butt grabbeln sucht man die Plattfische mit den Fingern. Mit der Buttpricke stochert der Fischer vor sich im Wattboden herum. Plattfische werden von den Zinken mit Widerhaken lebend aufgespießt. Ein ähnlich grausames Gerät ist die Aalpricke, die man beispielsweise an der Ostseeküste verwendete. Der Fischer stößt die Gabel in den Schlamm, in dem sich Aale versteckt haben. In den Zwischenräumen bleiben die Aale an den spitzen Sägezähnen hängen. Buttpricke und Aalpricke sind heute verboten.

Jan und Gret in St. Peter-Ording an der Nordsee. Jan hat mit der Buttpricke einen Plattfisch aufgespießt, dahinter arbeitet Gret mit der Gliep.

# Fischerei
## mit Segelschiffen

Bis vor etwa 150 Jahren kannte man nur
Segelschiffe. Die Fischer fuhren damit
hinaus, um Schellfisch und Dorsch mit
Langleinen zu angeln. Das sind 300 Meter
lange Leinen mit 300 Fanghaken daran.
An der Nordsee mussten Frauen und
Kinder im Watt nach Wattwürmern graben
und diese als Köder auf die Haken fädeln.
An der Ostseeküste waren die kleinen
Tobiasfische als Köder sehr beliebt.

Fischer holen
die Langleine
mit Schell-
fischen an
Bord einer
Schaluppe.
Gemalt von
Poppe Folkerts,
Norderney.

Heringe werden „Silber des Meeres"
genannt. Sie wurden früher schon
in großen Mengen gefangen. Am
Abend fuhren die Fischer hinaus
und legten lange Treibnetze aus. An
Schwimmbojen hingen die Netze wie
riesige Gardinen im Wasser. In der
Nacht kamen die Heringe an die Ober-
fläche und blieben in den Netzmaschen
hängen. Am nächsten Morgen zogen die
Männer den Fang an Bord. Jeder nahm
sich ein scharfes Messer und begann, die
Heringe zu kehlen. Das heißt: Kiemen und
Innereien herausnehmen. Gleich danach
wurden die Heringe mit Salz vermischt
und in Holzfässer gelegt. 1 000 Heringe
passten in ein Fass. Das Salz machte die
Fische haltbar.

Fischer holen
das Treibnetz ein
und schütteln die
Heringe heraus.

Netze, Taue und Segel stellte man früher
aus Naturfasern her, meistens aus Hanf
und Flachs. Mit einer Brühe aus gekoch-
ter Eichenrinde, der so genannten Lohe,
machte man die Naturfasern haltbar.
Segeltuch wurde durch die Lohe rotbraun
gefärbt. An der Nordseeküste behandelte
man Netze zum Schutz gegen das Salz-
wasser auch mit Holzteer. Das ist eine
schwarze klebrige Flüssigkeit, die stark
nach Räucherfisch riecht.

7

# Fischerei heute

## AHA!

Jedes zugelassene Fischerei-schiff trägt vorne am Bug das Fischereikennzeichen, das ist ein Nummernschild wie am Auto. An den Buchstaben erkennt man den Heimathafen, zum Beispiel ACC für Accumersiel.

HOO 70 Royal Frysk, Heimathafen Hooksiel, Länge 45 m, Besatzung: 3 Mann

ACC 16 Edelweiss, Heimathafen Accumersiel, Länge 15 m, Besatzung: 2 Mann

Im Wattenmeer ernten 13 Muschelkutter Miesmuscheln von Muschelkulturen.
→ Seite 20

An der Ostseeküste gibt es etwa 1 100 kleine Fischerboote und Kutter. Die meisten Fischer setzen Stellnetze aus. Einige arbeiten auch mit Schleppnetzen. Sie fangen Dorsche, Heringe und Flundern.
→ Seite 26

An der Nordseeküste fahren etwa 200 Krabbenkutter zum Krabbenfang.
→ Seite 10

WAR 1 Lachs, Länge 6,80 m, Besatzung: 2 Mann und WAR 6 Prerow, Länge 12,60 m, Besatzung: 2 Mann, Heimathafen Warnemünde

In der kleinen Hochseefischerei fahren 80 große Kutter. Eine Fangreise dauert eine Woche. In der Nordsee fischen sie Kabeljau, Seelachs, Schellfisch, Scholle, Kliesche, Seezunge, Steinbutt und Kaisergranat. In der Ostsee geht es auf Dorsch, Hering und Sprotte. Seite 32

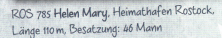

ROS 785 Helen Mary, Heimathafen Rostock, Länge 110 m, Besatzung: 46 Mann

NC 120 Susanne, Heimathafen Cuxhaven, Länge 40 m, Besatzung: 7 Mann

Zum großen Fischfang im Ozean fahren von Deutschland 12 riesige Fabrikschiffe hinaus. Sie bleiben mehrere Wochen auf See und fangen in großen Mengen Kabeljau, Seelachs, Rotbarsch. Die Fische werden an Bord zu Filets verarbeitet und tiefgefroren. Fischfilets werden auch in flachen Wannen übereinander gelegt und dann zusammen als Block eingefroren. Beim Zerschneiden eines Blocks kommen 378 Fischstäbchen heraus.

Seelachs

Scholle

Kaisergranat

Hering

Seezunge

Sprotte

Steinbutt

# Krabbenfischer an der Nordseeküste

**Backbord**

die linke Seite des Schiffes in Fahrtrichtung

**Steuerbord**

die rechte Seite des Schiffes in Fahrtrichtung

**Steert**

(das heißt: Schwanz) der Netzsack am Ende des Fangnetzes

**Priel**

ein Wasserlauf im Wattenmeer

**Flut**

das Wasser strömt aus der Nordsee ins flache Wattenmeer

**Ebbe**

das Wasser strömt aus dem Wattenmeer in die Nordsee

*Morgens um 6 Uhr im Hafen von Bensersiel an der ostfriesischen Nordseeküste.*

Mit einem knappen »Moin!« begrüßt Kapitän Jann Linneberg seinen Decksmann Guido an Bord des Kutters *Edelweiss*. Jann startet den Dieselmotor und Guido macht die Leinen los. Mit langsamer Fahrt tuckert der Kutter in die Dunkelheit hinaus.

Es ist noch kühl an diesem Septembermorgen, aber die Wettervorhersage verspricht einen angenehmen Tag. Schon bald haben sie das Fanggebiet im Wattenmeer erreicht. Jann weiß aus seiner langjährigen Erfahrung, wann, wo und wie er die Krabben fangen kann. Sie halten sich gerne am Rand eines Priels auf, also fährt Jann mit dem Flutstrom dort entlang. »Heute ist das Wasser dick. Das ist gut für uns, denn die Krabben können das Fanggeschirr im trüben Wasser nicht sehen«, sagt Jann.

Borkum

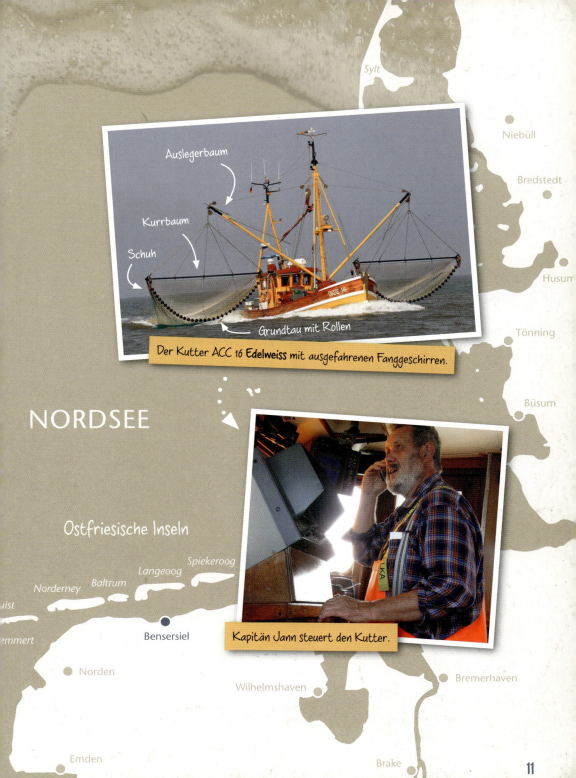

Sylt

Niebüll

Bredstedt

Husum

Tönning

Büsum

Auslegerbaum

Kurrbaum

Schuh

Grundtau mit Rollen

Der Kutter ACC 16 **Edelweiss** mit ausgefahrenen Fanggeschirren.

NORDSEE

Ostfriesische Inseln

Spiekeroog

Langeoog

Norderney    Baltrum

ʼuist

ʼmmert

Bensersiel

Kapitän Jann steuert den Kutter.

Norden

Wilhelmshaven

Bremerhaven

Emden

Brake

# Der Krabbenfang beginnt

## KURREN!

Das Fanggeschirr wird ins Wasser gelassen. Am Kurrbaum hängt das Netz.

Teepause

## AHA!

Die Maschenweite ist der Abstand zwischen zwei nebeneinander liegenden Knoten in einem Netz. Das Siebnetz hat große Maschen (35 mm), der Steert hat kleine Maschen (12 mm).

35 mm

12 mm

Jann lässt die Auslegerbäume herab, und die Fanggeschirre mit den Netzen schwenken nach außen. Mit einem Ruck verschwinden sie im Wasser. In langsamer Fahrt zieht der Kutter die Fanggeschirre über den Meeresgrund. »Wir kurren jetzt«, sagt der Fischer. Die Kufen rutschen über den Grund. Die Rollen scheuchen alle Tiere, die am Grund leben, auf und sie treiben in die Netze.

Früher landete alles an Deck des Kutters. Heute verwenden die Krabbenfischer Siebnetze. Krabben und kleine Fische gehen durch die großen Maschen des Siebnetzes und landen im Steert. Große Fische gehen aber nicht durch und werden zur so genannten Entkommensöffnung geleitet. So vermeiden die Fischer den Beifang größerer Fische, die sie auch gar nicht fangen wollen. Die Fische bleiben am Leben und werden geschont. Jetzt gibt es zur Stärkung erst einmal einen kräftigen Ostfriesentee mit Kluntjes und Sahne.

Das Fanggeschirr besteht aus dem Kurrbaum mit 2 Kufen, dem Grundtau mit Rollen und dem Netz.

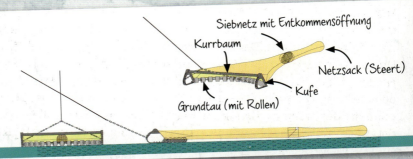

Siebnetz mit Entkommensöffnung

Kurrbaum

Netzsack (Steert)

Kufe

Grundtau (mit Rollen)

# Die Netze werden eingeholt
## HIEVEN!

Mit der Winde holt Jann den Steert hoch.

Jann öffnet den Steertknoten.

Der Fang landet in der großen Wanne.

Diese Strandkrabbe wurde versehentlich mitgefangen.

### Kurren
das Fanggeschirr über den Meeresboden ziehen

### Hieven
das Netz hochziehen

### Streek
die Strecke, über die gekurrt wird. Im Wattenmeer bis 5 km, in der Nordsee bis 15 km

### Hol
die Zeit, die man zum Kurren braucht. Im Wattenmeer bis 1 Stunde, in der Nordsee bis 3 Stunden

Nach einer halben Stunde holt Jann die Netze hoch. »Hieven!« lautet das Kommando. »Jeder Tag ist anders. Du weißt nie, wie viel im Netz ist. Das ist immer eine Überraschung. Deshalb bin ich so gerne Fischer«, sagt er. Mit einem speziellen Seil, dem Beiholer, fängt er auf der Steuerbordseite den Steert ein und Guido macht das gleiche an Backbord. Schon schweben beide Netzenden über der großen Wanne an Deck. Mit ruckartigem Ziehen löst jeder seinen Steertknoten. Dieser besondere Knoten hält wie alle Seemannsknoten gut fest, lässt sich aber auch leicht wieder lösen. Die prall gefüllten Steerte entleeren sich in die Wanne. Die Netze schwenken dann wieder außenbords und Jann steuert zum Ausgangspunkt des Streeks zurück.

# Der Fang wird sortiert

Das Förderband bringt die Krabben zur Siebtrommel.

Strandkrabben fallen aus der Siebtrommel heraus.

Mit viel Wasserspülung beginnt jetzt die Sortierung. Ein Förderband bringt kleine Portionen aus der Wanne in die Siebtrommel. Die dreht sich und alle Krabben fallen durch das grobe Sieb. Sie landen auf einem feinen Sieb. Hier fallen die kleinen Krabben durch und gehen mit dem Spülwasser gleich wieder über Bord. Die größeren landen in einem Korb. Die großen Strandkrabben fallen direkt aus der Siebtrommel in einen anderen Korb. Guido kippt sie gleich über Bord. Jetzt die Netze wieder mit neuen Steertknoten verschließen, und schon sinken die Fanggeschirre für den nächsten Hol auf den Meeresgrund.

Guido kippt die Strandkrabben über Bord.

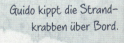

Die ganz kleinen Krabben gehen mit dem Spülwasser über Bord.

# Die Krabben werden gekocht

Guido kippt
die Krabben
ins kochende
Wasser.

Wenn die Krabben
gar sind, schwimmen
sie oben.

Krabben sind ein sehr empfindliches Lebensmittel, sie verderben leicht. Deshalb werden sie direkt an Bord gekocht, um sie haltbar zu machen. Auf dem Achterdeck kippt Guido die Krabben in den großen Kochtopf mit kochendem Wasser. Nach etwa fünf Minuten sind sie fertig und kommen in die nächste Sortiermaschine. Mit viel kaltem Wasser werden die Krabben schnell abgekühlt, genau wie man das mit Eiern macht.

Guido muss genau auf die richtige Kochzeit und das Abkühlen achten, damit die Krabben später leicht zu schälen sind. In der Sortiermaschine fallen nun noch einmal kleine Krabben durch das Schüttelsieb und werden hinausgespült. Guido füllt die Speisekrabben in eine weiße Kiste um und sucht zum Schluss mit der Hand kleine Strandkrabben heraus. Das ist der letzte Arbeitsschritt, die Krabben sind fertig zum Verkauf!

Die gekochten Krabben kommen in die Sortiermaschine.

Mit kaltem Wasser werden die Krabben abgekühlt.

Kleine Krabben fallen durch das Siebgitter, große bleiben oben.

# Der nächste Hol

Guido bindet den neuen Steertknoten.

Gerade ist der zweite Hol fertig und die Arbeitsschritte werden wiederholt: Steert hochziehen, Steertknoten lösen, sortieren, kochen, wieder sortieren, fertig. Nach dem vierten Hol geht es zurück nach Bensersiel. Während der Rückfahrt spült Guido das Deck und alle Geräte mit viel Wasser sorgfältig ab. Sauberkeit an Bord ist sehr wichtig. Auch das hat Guido während seiner Ausbildung zum Fischwirt gelernt. Kapitän Jann muss nach jeder Fangfahrt die Menge gefangener Krabben in sein elektronisches Logbuch, das Schiffstagebuch, eintragen.

Die Garnelen kommen in eine Kiste.

Jann hält den Kutter auf Kurs.

Guido sucht zum Schluss kleine Strandkrabben heraus.

Guido spült das Deck sauber.

# Anlandung

Jann hebt die Kisten an Land.

Der Kutter Edelweiss im Hafen.

Um an das leckere Krabbenfleisch heranzukommen, muss man die Krabben schälen. An der Nordseeküste sagt man »pulen«. Früher erledigten das viele fleißige Hände zu Hause in der Küche. Heute bringt ein holländischer Großhändler die Krabben in Kühlwagen nach Marokko. Dort werden sie in einer riesigen Kühlhalle von 2 000 Frauen geschält. Das Krabbenfleisch geht wieder zurück nach Europa und wird dort verkauft.

Nach dem Festmachen im Hafen hebt Jann mit einem kleinen Kran die gestapelten Kisten an Land. Es sind nur wenige Schritte zum Verkaufswagen. Die Kunden warten schon auf fangfrische Krabben in bester Qualität. Aber Jann kann nicht alle Krabben direkt verkaufen. Den Rest liefert er an die Erzeugergemeinschaft der Krabbenfischer. Im Nachbarort Neuharlingersiel werden die Krabben in einer großen Sortieranlage in drei Größenklassen sortiert. Von dort geht es in einem Kühlwagen zum holländischen Großhändler.

Früher wurden die Krabben an der Nordseeküste gepult.

Heute werden Krabben in Marokko geschält.

# Krabben, Garnelen, Krebse

## Speisekrabben haben viele Namen

Wissenschaft:
Nordseegarnelen

Ostfriesland: Granat

Dithmarschen: Kraut

Nordfriesland: Porren

Niederlande: Garnaalen

Die Strandkrabbe erkennt man am breiten Brust-panzer. Sie hat 8 Laufbeine und 2 Scherenbeine.

Der Einsiedlerkrebs wohnt in einem Schneckenhaus.

Der Körper der Nordseegarnele ist durch-sichtig grau-braun, der Hinterleib ist gerade. Unter der Brust hat sie 8 Laufbeine, unter dem Hinterleib 10 Schwimmbeine. Wenn sie den Schwanzfächer ruckartig nach unten schlägt, kann sie blitzschnell flüchten. Mit den 2 Stiel-augen kann sie sehr gut sehen. Männchen werden bis 6 cm, Weibchen bis 9 cm lang.

Unsere Speisekrabben sind eigentlich gar keine Krabben, denn sie haben einen länglichen Körper und gehören deshalb zu den Garnelen. Die echten Krabben haben einen breiten Körper. Aber beide zählen zur Tiergruppe der Krebse. Ihre Haut ist durch den Baustoff Chitin sehr fest und schützt den Körper. Garnelen sind sehr vorsichtig. Bei Gefahr graben sie sich in den Sand ein, nur noch die Stielaugen und die Antennen schauen heraus. Sie sind am liebsten in der Nacht unterwegs. Am Tag trauen sie sich nur im trüben Wasser aus ihren Verstecken. Das wissen auch die Fischer. Garnelen fressen alles, was sie mit ihren kleinen Scheren zerpflücken können: Würmer, kleine Krebse, Reste abgestor-bener Pflanzen und Tiere.

Garnelen sind die Lieblingsspeise des Wittlings.

Eier unter dem Hinterleib des Weibchens.

Hat die Lachmöwe Garnelen entdeckt?

Ein Garnelen-Weibchen kann sich zwei Mal im Jahr vermehren. 26 000 Eier kann es zwischen seinen Schwimmbeinen festhalten. Nach zwei Monaten schlüpfen die Larven, so nennt man die Garnelenkinder. Sie bleiben noch einige Zeit gut geschützt am Körper der Mutter und wachsen dort heran. Im ersten Lebensjahr müssen sie 25 Mal ihre harte Haut wechseln. Erst nach der Häutung können sie größer werden. Da die Krabben sich so enorm schnell vermehren, gibt es für die Krabbenfischer keine Fangbeschränkungen. Garnelen haben viele Feinde. Unter Wasser werden sie von Fischen gejagt. Im flachen Wasser des Wattenmeeres sind Möwen und Watvögel hinter ihnen her.

Auch die bunte Felsengarnele lebt im Wattenmeer. Auf Seite 17 liegen zwei zwischen den Nordseegarnelen. Sie sind beim Kochen orange geworden.

# Muschelfischer
# im Wattenmeer

*Muschelfischer David de Leeuw nennt sich selbst »Bauer des Meeres«. Er erntet die Miesmuscheln nicht nur, sondern er sät sie auch aus.*

Vom Außenhafen Hooksiel fährt er mit dem Kutter *Royal Frysk* zu seinen Muschelfeldern im Nationalpark Niedersächsisches Wattenmeer. Seine Brüder Julien und Pascal sind auch Muschelfischer, allerdings im nordfriesischen Wattenmeer. Hörnum auf Sylt ist der Heimathafen ihrer Muschelkutter.

Die *Royal Frysk* hat das Muschelfeld erreicht. Zu beiden Seiten lässt David die Dredgen ins Wasser, das sind kleine Baum-kurren mit Netzen aus dicken Seilen. Die zieht der Kutter jetzt über den Meeresgrund und sammelt die Miesmuscheln ein. Nach wenigen Minuten holt David die gefüllten Dredgen hoch. Die Muscheln landen an Deck in einem Fangtrichter. Ein Förderband transportiert sie zu den Laderäumen. Zwei Decksmänner sortieren leere Schalen, Seesterne und Algen heraus. Manchmal finden sie auch Bernstein, das »Gold des Meeres«. Die gereinigten Muscheln landen in großen Transportsäcken und sind fertig für die Anlandung.

*Borkum*

Muschelkutter HOO 70 **Royal Frysk**

Dredge

Schlickrolle

Die Schlickrolle sorgt dafür, dass der Meeresboden nicht aufgewühlt wird.

Fangtrichter

Die Muscheln landen im Fangtrichter.

David sortiert am Förderband.

**NORDSEE**

Nordfriesische Inseln

Sylt

Hörnum

Föhr

Amrum

Hooge

Pell-worm

Niebüll

Bredstedt

Husum

Tönning

Büsum

Ostfriesische Inseln

Wangerooge

Spiekeroog

Langeoog

Norderney

Baltrum

Benseriel

Hooksiel

Norden

Wilhelmshaven

Bremerhaven

Emden

Brake

ist

mmert

# Saatmuscheln sammeln

Die Kiemen eines Fisches sind rot, weil viel Blut hindurchfließt.

»Wer ernten will, muss auch säen«, sagt David. Früher hat er die Saatmuscheln ausschließlich von natürlichen Muschelbänken aus dem Wattenmeer geholt. Heute wendet er zusätzlich einen Trick an: Er weiß, dass sich die Miesmuscheln im Frühjahr sehr stark vermehren. Ein einziges Muschelweibchen kann bis zu 12 Millionen befruchtete Eier ins Wasser abgeben. Die winzig kleinen Muschelkinder schwimmen zuerst im Wasser herum und die Wasserströmung verteilt sie in der Umgebung. Nach ein paar Tagen suchen sie sich eine feste Unterlage, an der sie sich festheften können. Und jetzt kommt Davids Trick: An einer geschützten Stelle hat er große Sammelnetze im Wasser aufgehängt. An den Netzseilen setzen sich die Muschelkinder fest und wachsen schnell heran.

Auch Seesterne und Eiderenten lieben Miesmuscheln. Der Seestern hält sich mit seinen vielen Saugfüßchen an den Muschelschalen fest und zieht sie auseinander. Wenn die Muschel die Schalen öffnet, frisst er das weiche Muschelfleisch. Die Eiderente dagegen schluckt eine Miesmuschel im Ganzen herunter. Im ihrem Magen wird die Muschelschale geknackt.

Die Sammelnetze hängen an schwarzen Schwimmrohren.

Die Saatmuscheln sind noch winzig klein.

Im Herbst bürstet David sie mit einer Spezialmaschine von den Netzen ab und fängt sie auf. Noch am selben Tag fährt er mit dem Kutter zu den Muschelfeldern und spült die Saatmuscheln wieder ins Wasser. Er fährt dabei hin und her, damit sich die kleinen Muscheln gut verteilen.

Das Sammelnetz mit Saatmuscheln.

In den nächsten zwei Jahren pumpen die Muscheln große Mengen Meerwasser durch ihre Kiemen. An den Kiemen bleiben feine Schwebstoffe hängen und davon ernähren sich die Muscheln. Wenn sie die richtige Größe von mindestens fünf Zentimetern erreicht haben, kommt David zur Ernte.

Muschelbürste

Saatmuscheln

# Dorschfischer an der Ostseeküste

*»Leinen los!« heißt es am frühen Morgen im Hafen von Warnemünde.*

Kapitän Dieter Borgwardt und sein Sohn Torsten fahren mit ihrem Kutter *Prerow* hinaus zu ihren Stellnetzen. Von September bis Mai kommen die Dorsche an die Küste. Dann kann man sie mit Stellnetzen fangen. Im Sommer ist es ihnen im Flachwasser zu warm und sie ziehen sich ins kühle tiefere Wasser zurück. Dann fangen die Fischer sie mit Schleppnetzen.

Nach einer halben Stunde kommt die erste Netzboje in Sicht. Zwei rote Fähnchen sind das Kennzeichen. Mit dem Bootshaken ergreift Torsten die Ankerleine unter der Netzboje. Er zieht die Netzboje mitsamt Anker hoch und legt sie an Deck.

Kiel

Halbinsel Wustrow

Insel Poel

Wismar

Der Kutter WAR 6 **Prerow** im Hafen von Warnemünde.

Torsten zieht die Netzboje aus dem Wasser, unten der weiße Schwimmer.

Netzboje und Anker sind an Bord.

Halbinsel Zingst

Halbinsel Darß

OSTSEE

Insel Rügen

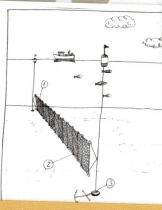

55 mm

Warnemünde

Rostock

Bei 55 Millimetern Maschenweite bleiben nur große Dorsche hängen, kleine schwimmen hindurch.

Das Grundstellnetz wird wie eine Wand im Wasser aufgestellt. Das Netz aus Kunststoffleinen ist 500 Meter lang und 1,50 Meter hoch. Gewichte halten das Netz am Grund, die Oberleine schwebt durch Schwimmer oben.

(1) Schwimmer
(2) Gewichte
(3) Anker

25

# Das Stellnetz einholen

Druckrollen

Netz-holer

Oberleine mit Schwimmern

Mit dem Netzholer zieht Torsten das Stellnetz an Bord. Dieter lenkt den Kutter mit langsamer Fahrt zum Netz hin. Ein Dorsch hängt im Netz.

Torsten schiebt den Dorsch aus den Netzmaschen heraus.

Die gefangenen Dorsche schwimmen im Wasserbecken.

Jetzt kommt das wichtigste Gerät zum Einsatz: der Netzholer. Ein kleines Förderband zieht das Netz langsam hoch. Oben drücken zwei Rollen, die mit Wasser gefüllt sind, das Netz auf das Förderband. Stück für Stück kommt das Netz an Bord. Da, der erste Dorsch! Er hat sich in einer Netzmasche verfangen. Torsten hält den Netzholer an und schiebt den Dorsch aus der Netzmasche heraus. Der Fisch lebt noch und kommt gleich in ein großes Wasser-

becken. Und so geht es weiter, bis das ganze 500 Meter lange Stellnetz an Bord ist. Auch einige Flundern haben sich im Netz verfangen. Zum Schluss holt Torsten die Netzboje und den Anker vom anderen Ende des Stellnetzes an Bord.

# Das Stellnetz
## wieder aussetzen

Hinten am Kutter ist die u-förmige Aussetzgabel befestigt. Torsten wirft Anker und Netzboje ins Wasser und legt den Anfang des Netzes in die Gabel. Dieter steuert den Kutter mit langsamer Fahrt und erklärt:
»Wir fahren jetzt an der Küste entlang und setzen das Netz aus. Die Dorsche kommen nämlich in der Nacht aus dem tiefen Wasser der Ostsee ins flache Wasser an der Küste. Sie wollen hier Strandkrabben und die kleinen Tobiasfische fressen. Dabei schwimmen sie in unser Netz. An dieser Stelle ist das Wasser fünf Meter tief.«
Meter um Meter wandert das Netz über die Aussetzgabel in die Ostsee. Zum Schluss noch den zweiten Anker und die zweite Netzboje ins Wasser – das Stellnetz steht für den nächsten Fang bereit! Jetzt steuert Dieter auf das zweite Stellnetz zu. Und die Arbeitsschritte wiederholen sich: Netzboje fangen, Netz holen, Fische herauslösen, Netz auslegen. Morgen kommen die beiden Fischer wieder und holen den nächsten Fang ein.

Aussetzgabel

Die Netzboje und der Anker sind schon wieder im Wasser. Bei langsamer Fahrt wird das Stellnetz ins Wasser gelassen. Torsten passt auf, dass es sich nicht verdreht.

Zum Schluss kommt noch die zweite Netzboje ins Wasser – fertig!

# Anlandung und Verkauf

Im Hafen werden die letzten Dorsche zum Verkauf vorbereitet.

Torsten nimmt die Dorsche aus.

Fangfrischer Dorsch direkt vom Kutter!

Während der Rückfahrt zum Hafen bereitet Torsten die Dorsche zum Verkauf vor. Mit einem scharfen Messer tötet er sie und nimmt die Innereien heraus. »Das ist keine schöne Arbeit, muss aber sein. Die Handgriffe habe ich während meiner Ausbildung zum Fischwirt gelernt«, sagt Torsten. Zum Schluss spült er die Fische mit frischem Wasser sauber. Am Anlegeplatz des Kutters im Hafen übernimmt Torstens Schwester Kerstin die Fischkisten. Sie ist die Fischverkäuferin der Familie. Im Verkaufsstand gleich neben dem Kutter legt sie die Dorsche sofort auf Eis. Eine gute Kühlung ist wichtig, damit die Fische nicht verderben. Die ersten Kunden warten schon auf den fangfrischen Dorsch aus der Ostsee.

Auch diese Flunder ist ins Netz gegangen. Man sieht gleich, warum die Flunder zu den Plattfischen gehört!

# Der Dorsch – ein beliebter Speisefisch

Ein riesiger Kabeljau!

Dorsche trocknen im Wind.

Das winzige Dorschbaby ist eine Woche alt und nur 5 mm lang.

Ein Fisch – zwei Namen. In der Nordsee nennt man ihn Kabeljau, und dort wird er richtig groß! 1,50 Meter lang kann ein Kabeljau schon mal werden. In der Ostsee sind sie kleiner und werden Dorsche genannt. Die Norweger sagen »Torsk«, das bedeutet Dörrfisch. Also ein Fisch, den man dörren, trocknen kann. Tatsächlich hängen die Fischer auf den Lofoten, einer Inselgruppe im Norden Norwegens, die ausgenommenen Dorsche zum Trocknen an Holzgestellen auf. In der kalten, salzigen Seeluft trocknen die Fische dort etwa sieben Wochen lang. Dann sind sie hart wie Holzstöcke. Darum nennt man sie auch Stockfisch.

Im Frühjahr beginnt die Laichzeit, die Vermehrung. Ein Dorsch-Weibchen kann 1 Million Eier legen. Das ist Fisch-Weltrekord! So gibt es immer reichlich Nachwuchs. Dorscheier sind die Lieblingsspeise der kleinen Sprotten. Wenn es viele Sprotten gibt, bleiben nur wenige Dorscheier übrig.

# Hochseefischerei

NORWEGEN

*NORWEGEN*

Seelachs

Hanstholm

*WEISSE BANK*

*DOGGERBANK*

Kaisergranat

Cuxhaven

Brake

Scholle

NIEDER-
LANDE

GROSSBRITANNIEN

London

SCHWEDEN

Oslo

*Hochseefischer fahren weit auf die Nordsee oder Ostsee hinaus. Vor einer Reise nehmen sie ausreichend Verpflegung an Bord, denn sie bleiben oft mehrere Tage auf See.*

Göteborg

Den Tagesplan auf dem Kutter bestimmt der Fischfang: Vier Stunden kurren, dann hieven, das Netz wieder aussetzen, die Fische ausnehmen – Pause. Nach vier Stunden geht es wieder von vorne los. Zwischendurch hat die Mannschaft Zeit zum Kochen, Essen und Schlafen. Die gefangenen und ausgenommenen Fische werden im Kühlraum auf Eis gelegt. So bleiben sie mehrere Tage frisch. Spätestens nach einer Woche landet der Kapitän den Frischfisch in einem Hafen an. Danach geht es gleich wieder hinaus zur nächsten Fangreise.

DÄNEMARK

Kopen-
hagen

RÜGEN

Hering

Sassnitz

Hamburg

POLEN

Berlin

DEUTSCHLAND

FANGGEBIETE

# Seelachsfischer

»Rise, rise!« ruft Kapitän Manfred Rahr seiner Mannschaft an Bord der *Susanne* durchs Mikrofon zu. »Auf, auf!« bedeutet das, und alle Männer machen sich fertig zum Einsatz: Stiefel, Regenhose, Regenjacke, Schutzhelm und Rettungsweste an und raus aufs Deck. Die Arbeit hier ist sehr gefährlich: Das Schiff tanzt im hohen Seegang auf und ab, alles ist nass und rutschig. Die Stahlseile schlagen hin und her, leicht kann man getroffen werden!

Manfred überprüft die Maschenöffnung des Netzes. Er verwendet freiwillig größere Maschen als vorgeschrieben, damit kleine Fische entkommen können.

Auf der Netztrommel wird das Netz aufgerollt. Die gelben Kugeln sind die Schwimmer am Kopftau.

Die Scherbretter öffnen das Grundschleppnetz zur Seite. Die Schwimmer am Kopftau öffnen das Netz nach oben. Die Gummischeiben am Grundtau scheuchen die Fische auf.

(1) Netzbauch
(2) Steert
(3) Scherbretter
(4) Kopftau mit Schwimmern
(5) Grundtau mit Gummischeiben
(6) Kurrleinen

Der Steert taucht auf, voll mit Seelachs.

Der Steertbeutel wird entleert.

Unter Deck wird jeder einzelne Seelachs ausgenommen.

Das große Schleppnetz wird eingeholt. Vier Stunden dauerte der Hol und alle hoffen auf reiche Beute. Langsam dreht sich die große Netztrommel und wickelt die langen Kurrleinen auf. Dann tauchen die gelben Schwimmer vom Kopftau auf. Schließlich der Steert, prall voll mit Seelachs. Ein sehr guter Hol! Die Männer entleeren den Steert in mehreren Portionen, »Steertbeutel« genannt, in eine Öffnung im Deck.

Die Fische rutschen über eine Rinne nach unten. Und hier geht die Arbeit richtig los: Mit einem scharfen Messer wird jeder einzelne Seelachs ausgenommen. Ein Förderband bringt die Fische dann zum Fischraum. Hier produziert die Eismaschine krümeliges Eis. Die Männer werfen eine Schaufel Eisbrocken in eine Fischkiste.

Darauf eine Schicht Seelachs, dann wieder Eis, Seelachs, Eis – fertig. Kiste um Kiste wird gefüllt und dann im Kühlraum gestapelt.

Nach fünf Wochen auf der Nordsee westlich von Norwegen geht es nun zurück nach Cuxhaven. Um den gefangenen Seelachs immer frisch anzulanden, hat Kapitän Manfred zwischendurch an jedem Wochenende den Hafen Hanstholm in Dänemark angesteuert. Dort hat ein Kühlwagen die Fische übernommen und zur Verarbeitung nach Cuxhaven gebracht.

# Schollenfischer

Schollen im Eisbett.

Kapitän Timo Hullmann hat mit seinem Kutter *Destiny* die Doggerbank erreicht. 12 Stunden dauert die Fahrt vom Heimathafen Brake an der Weser. Für Schollen ist der sandige Grund der Doggerbank ein idealer Lebensraum. Die *Destiny* zieht zwei kleine Grundschleppnetze als »Doppeltrawl« über den Grund. Die leichten Netze berühren den Meeresgrund nur wenig und schonen so die Bodentiere. Nach vier Stunden werden die Netze eingeholt. Die Fischer nehmen die Plattfische aus und legen sie auf Eis. Im Kühlraum bleiben sie mehrere Tage lang frisch. Nach einer Woche landet Timo den Fang an. Dann fahren die Fischer wieder hinaus auf die Nordsee. Diesmal wollen sie auf der weißen Bank den Kaisergranat fangen.

Doppeltrawl mit zwei Grundschleppnetzen.
(1) Mittelgewicht
(2) Scherbrett
(3) Steert berührt den Boden kaum
(4) Grundtau mit Gummirollen
(5) Drähte vor dem Grundtau zittern und scheuchen die Fische auf

# Heringsfischer

Kapitän Ricko beobachtet das Echolot.

Der Steert ist voll mit Heringen.

Das Silber des Meeres.

Über der Insel Rügen geht die Sonne unter. Kapitän Ricko Lemke sitzt im Steuerhaus seines Kutters *Blauwal* und sucht mit dem Echolot einen Herings-schwarm. Ricko erklärt: »Heringe sind Schwarmfische. Am Tag halten sich sie sich am Meeresgrund auf. Wenn es dunkel ist, kommen sie zum Fressen nach oben. Sie wandern hin und her, sind jeden Tag woanders.« Die Mannschaft lässt das große Schleppnetz ins Wasser und übergibt eine Kurrleine an den Kutter *Crampas*. Das 200 Meter lange Netz hängt jetzt zwischen *Blauwal* und *Crampas* und sie ziehen es gemeinsam.

## AHA!

Das Echolot sendet Schallsignale ins Wasser. Wenn die Signale auf Fische treffen, gehen sie als Echo zum Schiff zurück. Und dann leuchten auf dem Bildschirm gelbe und rote Punkte auf: ein Heringsschwarm!

»Tucken« nennen die Fischer das. Am nächsten Morgen holen sie das Netz ein. Am selben Tag landet Ricko die Heringe ganz frisch im Hafen Sassnitz-Mukran an.

Das Schleppnetz der Heringsfischer berührt den Meeres-boden nicht. Durch die Schwimmer am Kopftau schwebt es im Wasser. Gewichte am Grundtau öffnen das Netz nach unten. Die Scherbretter ziehen es zur Seite auf. Auf dem Bild fehlt der zweite Kutter.

(1) Kopftau mit Schwimmern
(2) Grundtau mit Gewichten
(3) Scherbrett
(4) Steert

# Fischer – ein Beruf mit Zukunft

## Wie wird man Fischer?

»Eigentlich wollte ich Koch werden«, erzählt Fischwirt Guido Buss. »Aber die Arbeit in der Küche hat mir nicht gefallen. Da kam das Angebot von Fischwirtschaftsmeister Jann Linneberg und ich habe sofort bei ihm angefangen. Die Arbeit draußen in der Natur ist für mich genau richtig.«

Drei Jahre dauerte die Ausbildung. An Bord des Fischkutters *Edelweiss* lernte Guido alle wichtigen Handgriffe. Mit der Netznadel repariert er Löcher im Krabbennetz. In die Taue arbeitet er Schlingen ein, er nennt das »Augen ins Tau spleißen«. Der Motor muss gepflegt werden: Ölwechsel, Filterwechsel, kleine Reparaturen. Er kennt die Seekarte und die Seezeichen, damit er den Kutter auch mal steuern kann. Immer wieder sind Malerarbeiten zu erledigen. Und natürlich muss er viel über Fische und Krebse und die verschiedenen Fangtechniken wissen.

Netznadel

Seezeichen helfen dem Steuermann bei der Orientierung. Rote, grüne und gelb-schwarze Tonnen markieren ein Fahrwasser. Leuchttürme weisen den Weg in der Nacht.

Jedes Jahr im Januar und Februar ging Guido gemeinsam mit anderen Fischerlehrlingen zur Fischereischule nach Rendsburg. Dort hat er dann auch die Prüfung zum Fischwirt bestanden. Als Gesellenstück hat er ein Krabbennetz ange- fertigt. »Ich möchte gerne noch ein nautisches Patent machen, das ist ein Schiffsführerschein«, sagt Guido. Dazu muss er noch ein paar Jahre auf dem Kutter mitfahren. Nach einem Lehrgang mit abschließender Prüfung bekommt er sein Patent. Wer Fischwirtschaftsmeister werden möchte, besucht besondere Meisterkurse an der Fischerei- schule und macht dann die Meisterprüfung.

Spleißen mit dem Marlspieker.

Malerarbeit an Deck.

Fischwirt Guido zeigt stolz
die gekochten Krabben.

# Ist noch genug Fisch da?

Der kleine Dorsch ist ein halbes Jahr alt, der große drei Jahre.

Christopher Zimmermann ist Forscher am Thünen-Institut für Ostseefischerei in Rostock. Seine Forschergruppe versucht in jedem Jahr, diese Fragen zu beantworten: Wie viele Dorsche in welchem Alter gibt es in der Ostsee? Wie viele werden davon bis zum nächsten Jahr überleben? Wie viele junge Fische kommen hinzu? Und wie viel werden sie bis dahin wachsen?

Mit dem Forschungsschiff *Solea* fahren die Forscher hinaus. An verschiedenen Stellen der Ostsee machen sie mit dem Schleppnetz Testfänge. Jeder gefangene Dorsch wird genau untersucht: die Körperlänge wird gemessen und das Alter bestimmt. Mit den Ergebnissen können die Forscher ausrechnen, wie viele junge und alte Dorsche es in diesem Teil der Ostsee gibt. Aus den Zahlen berechnet ein Computerprogramm, wie sich die Zahl der Dorsche entwickeln wird. Auf der Grundlage dieser Vorhersage werden Fangquoten festgelegt. So nennen die Fachleute die Fangmengen. Jeder Fischkutter bekommt eine Fangquote zugeteilt. Das ist die Höchstmenge an Dorschen, die er im Jahr fangen darf. Diese Begrenzung der Fänge soll dafür sorgen, dass die Fischer auch in Zukunft noch Dorsche fangen können. Im Logbuch muss jeder Kutterkapitän nach jedem Fang die Fangmengen eintragen. Das Logbuch wird regelmäßig geprüft.

Der Testfang wird an Bord geholt.

Forscher messen die Länge jedes einzelnen Fisches.

# Schlau fischen!

Kamerabild: Oben treiben die Dorsche zum Steert hin. Unten schlüpft eine Flunder durch die Öffnung.

Auch Daniel Stepputtis ist Forscher in Rostock. Seine Arbeitsgruppe entwickelt und erprobt neue Fischernetze. Sie haben ein Sortiernetz erfunden, mit dem man unerwünschten Beifang vermeiden kann. Wenn ein Fischer große Dorsche fangen möchte, sollen kleine Dorsche und Flundern nicht mitgefangen werden. Die können dann weiterleben und heranwachsen. Zur Erprobung des Sortiernetzes fährt Daniel mit der *Clupea* auf die Ostsee hinaus. Im Netz befestigen seine Forscherkollegen an mehreren Stellen kleine Kameras, um zu sehen, was die Fische machen. Und tatsächlich: Die Flundern schlüpfen durch die flache Öffnung nach unten hinaus. Die kleinen Dorsche entkommen durch die großen Maschen auf der Oberseite. Das klappt nicht bei allen, aber die meisten kommen hinaus.

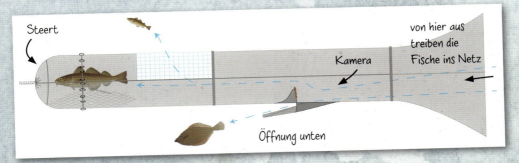

Steert

Kamera

von hier aus treiben die Fische ins Netz

Öffnung unten

# Wale schützen!

Christian
von Dorrien

Geräusche, mit denen sich die Schweinswale gegenseitig vor Gefahr warnen. Die Töne sind so hoch, dass wir Menschen sie nicht hören können. Ultraschall nennt man das. Tatsächlich reagieren die Schweinswale wie erwartet auf die Töne des Warngeräts und schwimmen vom Stellnetz weg.

Die *Clupea* treibt vor der Ostseeküste im Gebiet der Stellnetze. Der Motor ist aus, ein ruhiger Morgen. »Pfff« ertönt es vom Wasser her, und kurz darauf noch einmal »Pfff«. Forscher Christian von Dorrien kennt dieses Geräusch genau. Aus dem Wasser taucht die kleine Rückenfinne eines Schweinswals auf. Wenn er durch sein Blasloch oben auf der Stirn ausatmet, hört man das typische »Pfff«. Aber hier ist der kleine Wal in großer Gefahr! Auf Jagd nach Dorschen und Heringen könnte er sich in den Maschen eines Stellnetzes verfangen. Dann kann er nicht mehr zum Atmen nach oben kommen und ertrinkt. Das kommt leider immer wieder vor. Um das zu verhindern, erprobt Christian mit seiner Forschergruppe ein neues Gerät, das die Schweinswale von den Netzen fernhalten soll. Das Warngerät erzeugt genau die

Ein Schweinswal taucht zum Atmen auf.

Der Schweinswal kommt dem Stellnetz bedrohlich nahe.

# Ausgezeichnet fischen!

## AHA!

Der MSC (Marine Steward-ship Council) ist eine internationale, unabhängige und gemeinnützige Organisation zum Schutz der Meere. Wer die Anforderungen des MSC erfüllt, erhält für fünf Jahre ein Zeugnis, das MSC-Zertifikat. Die Kunden erkennen an diesem Zeichen, dass der Fisch aus nachhaltiger Fischerei stammt.

Jeder erfahrene Fischer weiß: »Ich säge doch nicht den Ast ab, auf dem ich sitze! Wir dürfen nur so viel Fisch fangen wie nachwächst. Sonst fangen wir immer weniger Fisch und für unsere Kinder bleibt gar nichts mehr.« Nachhaltige Fischerei bedeutet: Wir sorgen dafür, dass es auch in Zukunft ausreichend große Fischbestände gibt. Die Forscher helfen den Fischern dabei.

In diesem Buch hast du mehrere MSC-zertifizierte Fischereien kennengelernt:

- Niedersächsische Muschelfischerei
- Seelachsfischerei »Kutterfisch«
- Heringsfischerei in der Ostsee

Bei den Krabbenfischern an der Nord-seeküste wird gerade geprüft, ob sie die Anforderungen erfüllen.

Um das Zertifikat des MSC zu bekommen, müssen sich die Fischer verpflichten, folgende Anforderungen zu erfüllen:

1. Der Fischbestand ist in einem guten Zustand. Der Fischbestand ist groß genug und es gibt ausreichend Nachwuchs.
2. Der Lebensraum wird geschont. Der Fischer verwendet schonende Fangmethoden. Der Meeresboden wird nicht zerstört. Der Beifang wird vermindert. Andere Tiere werden nicht gefährdet.
3. Der Fischer hält sich an die Regeln. Er hält die zugeteilten Fangmengen ein. Er beachtet Schonzeiten und Schutzgebiete.

# Gefährlicher Müll im Meer

Kinder sammeln Überraschungseier am Strand.

»Oh, so viele Überraschungseier!«
Der Strand der Insel Langeoog ist übersät mit unzähligen kleinen Plastikdosen, in jeder Dose eine kleine Spielfigur. Die Kinder kennen diese Dosen aus Schokoladeneiern. Sie freuen sich und sammeln das bunte Strandgut eifrig ein. Im Sturm ist von einem Frachtschiff ein Container ins Wasser gefallen und aufgegangen. Darin waren mehrere Tausend Plastikdosen. Die Flut hat sie an den Strand gespült.

Die junge Möwe frisst Plastikteilchen.

Der junge Steinwälzer wird die Plastikschnur am Bein nicht mehr los.

Das ist aber wirklich kein Grund zur Freude, denn Plastikmüll im Meer und am Strand ist gefährlich für Tiere. Möwen und andere Seevögel schlucken kleine Plastikteile herunter, da sie diese für Nahrung halten. Der Magen verstopft dadurch und

sie verhungern mit vollem Bauch. In der Brandung am Strand werden Plastikteile so fein zerrieben, dass man sie nicht mehr von Sandkörnern unterscheiden kann. Die Forscher nennen das Mikroplastik. Die winzigen Teile werden von Würmern und Muscheln gefressen und verursachen Entzündungen in ihrem Darm. Würmer und Muscheln werden von Vögeln und Fischen gefressen – und dann?

Die Eiderente hat sich im Netz verfangen.

Auch lose Plastikschnüre und Reste von Fischernetzen können gefährlich werden. Seevögel, Robben und Wale können sich darin verheddern und ertrinken.

Drifter

Und ab in den Sammel-container!

## Müllforscher

Keine Flaschen-post, sondern eine Holzpost am Strand!

Der Plastikmüll war im Fischernetz.

Forscher der Universität Oldenburg haben an verschiedenen Stellen der Nordsee kleine Holztafeln ins Wasser geworfen, die sie »Drifter« nennen, das bedeutet »Herumtreiber«. Sie wollen herausfinden, wie die Strömungen den Plastikmüll im Meer verteilen und wo der Müll an Land gespült wird. Sie nehmen Holztafeln, da diese wie Plastik im Wasser treiben. Aber im Gegensatz zu Plastik verrotten die nicht gefundenen Tafeln aus Holz in wenigen Jahren und belasten die Umwelt nicht. Wenn du einen solchen Drifter findest, melde den Fundort an die Forscher!

## Müll fischen

Naturschützer und Fischer arbeiten zusammen im Projekt »Fishing for litter«, das heißt »Müll fischen«. Die Fischer sammeln den Müll, den sie im Netz finden, in einem großen Sack an Bord. Im Hafen kommt der Müll dann in einen besonderen Container. Die Naturschützer vom Naturschutzbund Deutschland (NABU) untersuchen die Zusammensetzung des Meeresmülls. Dabei haben sie herausgefunden, dass die meisten gefundenen Müllteile aus Plastik sind. Das größte Problem bei Plastik ist, dass dieses unnatürliche Material sehr lange in der Umwelt bleibt. Es lagert sich ab und wird allmählich in immer kleinere Stücke zerteilt. Über 400 Jahre dauert es, bis ein Plastikteil in kleinste Teilchen zerfallen ist. Bei natürlichem Material – wie Holz und Papier – dauert das nur wenige Jahre. Es geht dann wieder in den natürlichen Kreislauf der Natur zurück, was bei Plastik nicht der Fall ist.

# Aktiv werden

## Fischerei erleben

Kutter NEU 228 *Gorch Fock*

»Mami, guck mal, ein Fischbaby!« ruft der kleine Nils ganz aufgeregt. Er ist einer von vielen kleinen und großen Gästen an Bord des Fischkutters *Gorch Fock*.

Von Neuharlingersiel an der ostfriesischen Küste fährt Kapitän Wilhelm Jacobs mit seinen Gästen ins Wattenmeer hinaus. Unterwegs lässt er die kleine Baumkurre mit dem Krabbennetz ins Wasser. »Schaufischen« nennt er das. Nach 10 Minuten holt Decksmann Richard den Fang an Bord. Er sortiert einige Fische und Krebse heraus und legt sie in eine Wanne mit Seewasser.

Das kleine Netz wird hochgezogen.

Wattführer Bernd-Uwe Janssen ist heute an Bord. Mit einer Schöpfkelle nimmt er vorsichtig eine kleine Scholle aus dem Wasser und erklärt, wie dieses Tier im Wattenmeer lebt.

## AHA!

Ausfahrten mit einem Fischkutter werden in vielen Häfen an der Nord- und Ostsee angeboten. Einfach zum Hafen gehen und nachschauen oder in der Tourist-Information nachfragen.

Die Strandkrabbe hat kräftige Scheren.

In der Wanne entdecken die Kinder noch andere kleine Fische: Seezunge, Sandgrundel, Steinpicker und Seeskorpion. »Das Wattenmeer ist die Kinderstube der Nordseefische. Darum finden wir hier so viele Fischkinder«, erklärt Bernd-Uwe. »Ihr dürft die Fische unter Wasser ganz vorsichtig streicheln. Danach lassen wir sie wieder frei«.

Langsam fährt die *Gorch Fock* ganz nah an einer Seehundsbank vorbei. Die Seehunde kennen den Kutter und bleiben ruhig liegen. Im Sommer liegen hier auch die Seehundbabys mit ihren Müttern und sonnen sich. Das Sonnenbad ist wichtig für die Gesundheit der Seehunde. Auf der Sandbank werden die Kleinen gesäugt.

Die Babyscholle ist nur 5cm lang.

Das Seehundbaby trinkt fette Muttermilch und wächst mit dieser Kraftnahrung schnell.

## Tipp

Spannende Geschichten über die Fischerei findest du in diesen Museen:
- Deutsches Sielhafenmuseum Carolinensiel
- Deutsches Schifffahrtsmuseum Bremerhaven
- Museumsschiff Gera, Bremerhaven
- Windstärke 10 — Wrack- und Fischereimuseum Cuxhaven
- Fischereimuseum Flensburg
- Deutsches Meeresmuseum Stralsund
- Fischereimuseum Hiddensee
- Fischerei- und Hafenmuseum Sassnitz

# Müll: Tu was!

## Müll vermeiden!

Benutze wiederverwendbare Trinkflaschen und Brotdosen. Vermeide Plastiktüten und überflüssige Plastikverpackungen. Nimm zum Einkaufen einen Stoffbeutel mit oder verwende Papiertüten.

## Müll richtig entsorgen!

Wirf niemals Müll in die Landschaft! Nutze Abfallbehälter oder entsorge deinen Müll zu Hause.

## Müll sammeln!

Beteilige dich an Müllsammelaktionen am Strand im Urlaubsort oder zu Hause. Denn auch der Plastikmüll, der in einem Fluss landet, kommt irgendwann im Meer an.

Müll sammeln am Strand!

# Augen auf beim Fischkauf!

**AHA!**

Neben dem MSC-Zeichen gibt es noch andere Gütesiegel für Fisch aus nachhaltiger Fischerei. Eine Übersicht findest du im Siegel-Check des Naturschutzbundes Deutschland:
siegelcheck.nabu.de

Auf dem Wochenmarkt, im Fischgeschäft oder im Einkaufsmarkt werden viele Fischprodukte angeboten: Frischfisch, tiefgefrorener Fisch, Räucherfisch, Fisch in der Dose oder im Glas. Suche auf der Verpackung oder auf dem Preisschild das MSC-Zeichen. Dann weißt du, dass dieser Fisch aus nachhaltiger Fischerei kommt.

Aber nicht alle Fische, die zum Kauf angeboten werden, sind als Wildtiere im Meer, in einem Fluss oder einem See gefangen worden. Lachse, Aale, Forellen und andere Fischarten werden auch in Fischzuchtanlagen gehalten. Aquakultur nennt man das. Auch hier arbeiten ausgebildete Fischwirte. Sie züchten Jungfische und füttern sie. Wenn die Fische die richtige Größe erreicht haben, werden sie geschlachtet und verkauft. Auch für Fisch aus verantwortungsvoller Aquakultur gibt es verschiedene Gütesiegel.

Lachszucht: Unter den Ringen hängen große Netzbeutel im Wasser. Darin leben die Lachse.

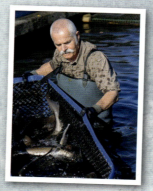

Bei der Arbeit auf einer Fischfarm.

Forellenzucht: In den Teichen leben die Forellen.

# Impressum

© WILLEGOOS, 1. Auflage 2017
Eisenhartstr. 8 | 14469 Potsdam
Fon: +49 (0)3 31 6 20 16 10
E-Mail: post@willegoos.de
www.willegoos.de

ISBN: 978-3-944445-24-3

**Text:** Bernd-Uwe Janssen
**Idee & Redaktion:** Susanne Tiarks
**Gestaltung, Umschlag & Satz:** Jeanette Frieberg,
Buchgestaltung | Mediendesign, Leipzig
**Fachliche Beratung:** Philipp Oberdörffer

**Druck:** Druckerei Lokay e. K., Reinheim
Klimaneutral gedruckt mit mineralölfreien Farben auf Recyclingpapier.

**Umschlagfotos** | Strandkrabbe und Garnelen © Autor, *iStock.com:* Holzbalken © SimonDannhauer, Fischerboote © RicoK69,
Bullauge © Andrey_Kuzmin (auch S. 1)

**Innenteil** | *Fotolia:* Hintergrund © colors0613 |**S. 1**| Jann Linneberg © Martin Stromann |**S. 2–3**| *iStock.com:* Hände & Netz
© Aquilegia, Fischerboot © antpun, Kutter mit Netzen © rbouwman; Fischer © Autor |**S. 4–5**| Reuse © 3quarks/iStock.com,
Fischzaun © Petra Nowack – peno/Fotolia, Wattschlitten, Granatkörbe, Stielnetz © Deutsches Sielhafenmuseum |**S. 6–7**| Neptun
© galdzer/iStock.com, Jan und Gret © oxie99/Fotolia, Peter Aal © Lenka Hansen/Gemeinde Maasholm, Segelschiff historisch
© nicoolay/iStock.com, Gemälde Schaluppe © Poppe-Folkerts-Stiftung, Heringsfischer © Ostfriesisches Landesmuseum |**S. 8–9**|
Netze © kodachrome25/iStock.com, Edelweiss © Jann Linneberg, Royal Frysk © Niedersächsische Muschelfischer GbR,
War 6/WAR 1 © Autor, Helen Mary © Deutscher Fischereiverband, Susanne © Kutterfischzentrale, *iStock.com:* Netz im Schlepp
© antpun, Seelachs © PicturePartners, Hering © bonchan, Scholle & Steinbutt © andylid, Sprotte & Seezunge © EddWestmacott,
Kaisergranat © MarkGillow; Wasserfläche © Lebus/panthermedia.net |**S. 10–11**| Karte © kartoxjm/Fotolia, Bild in Karte
© masterovoy/iStock.com, Edelweiss © Jann Linneberg, Kapitän © Autor |**S. 12–13**| Sonnenaufgang, Fanggeschirr, Teepause
© Autor; Grafiken Maschen © anastasiiam/Fotolia, Grafik Baumkurre © Thünen-Institut für Ostseefischerei, Krabbenkutter
© nick4marin/iStock.com, Winde, Steertknoten, Fang, Strandkrabbe und Garnelen © Autor |**S. 14–15**| alle Fotos © Autor |**S. 16–17**|
alle Fotos S. 16 © Autor, Krabben pulen © Kreisarchiv Nordfriesland, Krabben pulen Marokko © Bente Stachowske |**S. 18–19**|
*iStock.com:* Hummer © _jure, Strandkrabbe © hadot, Einsiedlerkrebs © andnyg, Möwe mit Krabbe © pixelnest, Lachmöwe
© OllieChanter; Garnele, Eier © Thünen-Institut für Ostseefischerei; Wittling © Ecomare, Felsengarnele © Peter Lanzersdorfer/Fotolia
|**S. 20–21**| Karte © kartoxjm/Fotolia, Bild in Karte © masterovoy/iStock.com, Royal Frysk, Schlickrollen, Fangtrichter, Förderband
© Niedersächsische Muschelfischer GbR |**S. 22–23**| Saatmuscheln © Niedersächsische Muschelfischer GbR, *iStock.com:* Kiemen
© petrescudaniel, Seestern © towlake; Eiderente © Dave Gifford; alle Fotos S. 23 © Niedersächsische Muschelfischer GbR |**S. 24–25**|
*Fotolia:* Karte © kartoxjm, Grafik Masche © anastasiiam; Bild in Karte © masterovoy/iStock.com, Kutter WAR 6, Torsten, Netzboje
und Anker © Autor; Grafik Grundstellnetz (bearbeitet) © Pablo R. Benitez |**S. 26–27**| alle Fotos S. 26 & Aussetzgabel, Deck,
Netzboje © Autor; Abenddämmerung © RicoK69/iStock.com |**S. 28–29**| alle Fotos © Autor, *iStock.com:* Dorsche © Vlada_Z,
Kabeljau © DieterMeyrl, Stockfisch © TT; Dorschbaby (bearbeitet) © Thünen-Institut für Ostseefischerei |**S. 30–31**| Karte © kartoxjm/
Fotolia, *iStock.com:* Bild in Karte © Turnervisual, Seelachs © PicturePartners, Scholle © andylid, Kaisergranat © MarkGillow, Hering
© bonchan |**S. 32–33**| Susanne © Kutterfischzentrale, Grafik © Paolo R. Benitez, Messung, Netztrommel, Netz einholen, Steert mit
Seelachs, Entleerung Steert, Verarbeitung unter Deck © MSC |**S. 34–35**| Destiny © Dieter Hullmann, Timo Hullmann © Torsten
von Reeken, Schollen © AnnekeDeBlok/iStock.com, Grafiken Doppeltrawl u. Schleppnetz © Pablo R. Benitez, Kapitän mit Echolot,
Steert, Silber des Meeres © MSC |**S. 36–37**| Netznadel © kranidi/Fotolia, Fahrwassertonne, Guido © Autor, *iStock.com:* Wester-
heversand © Jan-Otto Schiffsanstrich © rainmax, Spleißen © Allkindza |**S. 38–39**| Solea, Clupea, Dorsch messen, Kamerabild, Grafik,
Ch. Zimmermann, D. Stepputtis © Thünen-Institut für Ostseefischerei |**S. 40–41**| Schweinswal (Nahaufnahme) © BrendanHunter/
iStock.com, Chr. von Dorrien © Thünen-Institut für Ostseefischerei, Schweinswal taucht auf © J. Herrmann/Fjord & Bælt, Schweinswal am Stellnetz © Boris Culik/F3, Fischer mit MSC-Schild © Lena Ganssmann/MSC, Seelachsfilet, Logo: MSC, Clipart Fisch
© Lorelyn Medina/123RF |**S. 42–43**| Ü-Eier am Strand © Jochen Runar, Steinwälzer © cpaulfell/iStock.com, Eiderente © Volker
Lautenbach/Caro Fotoagentur, *Fotolia:* Möwe © Jens Metschurat, Plastikmüll im Meer © aryfahmed; Drifter © Autor, Plastikmüll
im Netz, Entsorgung Sammelcontainer © NABU – Naturschutzbund Deutschland |**S. 44–45**| *iStock.com:* Robbe © BehindTheLens,
Babyscholle © lisad1724, Offenes Meer © assalve; Gorch Fock, Netz, Strandkrabbe © Autor, Bernd-Uwe Janssen © Jana Meldau
|**S. 46–47**| Netzmüll am Strand © Autor, Kind mit Trinkflasche © Yvonne Bogdanski/Fotolia, *iStock.com:* Tasche © photopalace,
Brotbox © warrengoldswain, Mülleimer © RinoCdZ, Müll sammeln © JasonDoiy, Fisch auf Eis © richterfoto; Icon Siegel-Check:
NABU Naturschutzbund Deutschland, Fischpackung © Sebastian Hennigs, Forellenfarm © DavidCallan/iStock.com, *Fotolia:*
Lachszucht © Jan-Dirk, Fischer © auremar